Couverture inférieure manquante

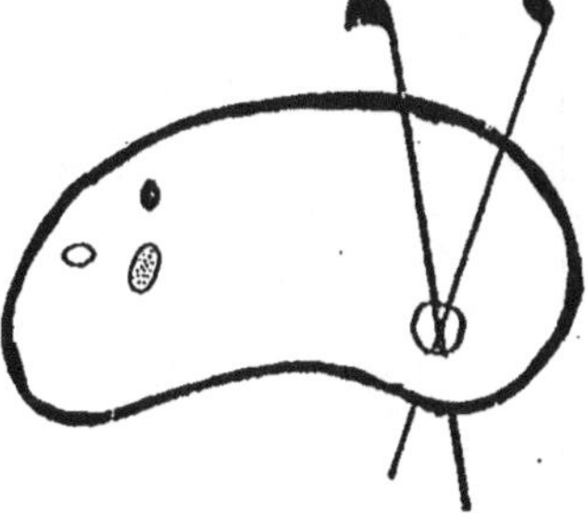

DEBUT D'UNE SERIE DE DOCUMENTS
EN COULEUR

LA
THÉORIE DE LA VALEUR

ÉTUDE ÉCONOMIQUE

SUR LA NOTION DE VALEUR

QU'EST-CE QUE LA VALEUR?

PAR

HIPPOLYTE DABOS.

PARIS

LIBRAIRIE GUILLAUMIN ET Cⁱᵉ

Éditeurs du Journal des Économistes, de la Collection des principaux Économistes, du Dictionnaire
de l'Économie politique, du Dictionnaire du Commerce et de la Navigation, etc.

14, RUE RICHELIEU, 14

1879

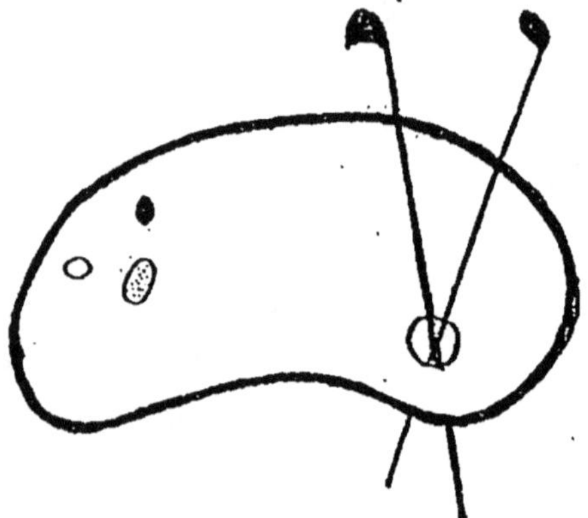

FIN D'UNE SERIE DE DOCUMENTS
EN COULEUR

LA
THÉORIE DE LA VALEUR

ÉTUDE ÉCONOMIQUE

SUR LA NOTION DE VALEUR

QU'EST-CE QUE LA VALEUR ?

PAR

HIPPOLYTE DABOS.

PARIS

LIBRAIRIE GUILLAUMIN ET Cⁱᵉ

Éditeurs du Journal des Économistes, de la Collection des principaux Économistes, du Dictionnaire
de l'Économie politique, du Dictionnaire du Commerce et de la Navigation, etc.

14, RUE RICHELIEU, 14

1879

St-Séver. — Impr. Séverin SERRES j⁰⁰, rue de l'Hospice.

LA
THÉORIE DE LA VALEUR

PRÉFACE

Le travail que nous publions aujourd'hui fait partie d'un ensemble d'études sur les monnaies et sur le crédit, dont nous avons déjà mis au jour quelques fragments. Il forme, en ces matières, la théorie supérieure et commune des vues qui nous sont personnelles, et qui reposent toutes, au point de vue scientifique, sur notre manière d'entendre la notion de valeur.

Logiquement, la présente publication aurait dû précéder toutes les autres, et notamment celle qui porte pour titre : *Théorie et plan d'un étalon invariable de la valeur ;* mais nous avons donné le pas à cette dernière par des raisons d'opportunité, pour avoir occasion de réfuter la proposition de M. Joseph Garnier, sénateur, *sur la refonte des monnaies,* et pour montrer combien les modifications qu'il préconise sont insuffisantes et incomplètes, eu égard au but qu'il poursuit.

Du reste, ce que nous pouvons affirmer d'ores et déjà, c'est qu'aucun de nos écrits antérieurs ayant trait à ces deux ordres de sujets, n'est en contradiction avec notre théorie actuelle de la valeur, et que ceux que nous publierons par la suite y trouveront, nous l'espérons, leur meilleure justification, leurs plus solides fondements.

—

La notion de valeur remplit, pratiquement, dans l'état social actuel, un rôle immense et toujours croissant ; et elle a, théoriquement, un rôle corrélatif dans les doctrines scientifiques qui ont cet état social pour objet.

Elle préside, en tant qu'étalon des valeurs, à toutes les transactions commerciales ou financières ; elle participe, en cette qualité, à la plupart des agencements qui forment le tissu de la vie économique ; et pour ce motif, elle est considérée par beaucoup d'esprits comme la notion principale de l'économie politique, telle que l'ont conçue et enseignée Adam Smith et ses successeurs.

La notion de valeur, matière essentiellement métaphysique, est l'une des plus abstruses, des plus ardues et des plus obscures de toute l'économie politique, science relativement nouvelle, qui ne compte pas un siècle et demi d'existence. Cette notion est peut-être la plus difficile entre toutes celles qui appartiennent à l'ordre économique, et qui constituent son domaine particulier.

Mais c'est précisément à cause de ces difficultés, qu'elle nous a tenté, s'il nous est permis de le dire ici. Nous nous sommes butté contre elle pendant une suite d'années, la quittant et la reprenant tour à tour, essayant d'écarter, à force de méditations et d'opiniâtres efforts, les ombres qui la couvrent, et de faire pénétrer quelques rayons de lumière dans ses redoutables profondeurs. — Y avons-nous réussi ? — Les résultats auxquels nous sommes arrivé, réalisent, si nous ne nous faisons pas illusion, la condition essentielle de toute théorie exacte, qui est d'expliquer, avec ses seules données, tous les phénomènes qui, de près ou de loin, se rattachent au sujet, et de les concilier, même dans ce qu'ils ont de plus disparate et de plus opposé, au moyen d'un point de vue supérieur qui les domine tous, et qui rend raison de ces apparentes anomalies.

Voilà bien des motifs, ce semble, pour nous autoriser à placer sous les regards des lecteurs compétents le résultat de nos recherches sur cette importante notion. Aussi, sans nous appesantir davantage sur ces considérations préliminaires, nous allons exposer, dans les pages suivantes, avec tout le soin et toute la clarté dont nous sommes capable, notre *Théorie économique de la valeur*.

LA THÉORIE DE LA VALEUR

Étude Économique sur la Notion de Valeur

QU'EST-CE QUE LA VALEUR ?

PREMIÈRE PARTIE

La notion de valeur, base de la vente, condition pratique de l'échange lui-même, n'a qu'une importance secondaire dans les sociétés patriarchales, où chaque famille recueille et façonne de ses mains la plus grande partie des produits qu'elle emploie à son usage.

Il en est de même dans les sociétés soumises à quelqu'une des formes de la servitude : l'esclave, sous ces régimes économiques, n'ayant point de personnalité civile, le serf n'ayant qu'une personnalité tronquée, il s'ensuit que le contrat de vente, dans tout ce qui tient à l'esclavage ou au servage, c'est-à-dire dans les rapports du maître avec le serf ou l'esclave, est théoriquement impossible. Cependant, la force des choses, plus puissante que les institutions, lui conserve encore, sous ces régi-

mes mêmes, dans certains cas déterminés, quelques
rares et exceptionnelles applications.

Mais à mesure que les peuples s'éloignent de ces états
rudimentaires pour entrer plus avant dans les régimes
fondés sur l'indépendance des individus, sur la division
du travail et des professions, sur la rémunération des
services et sur l'échange direct ou indirect des produits,
la notion de valeur acquiert parmi eux une importance
toujours croissante, et elle finit par être mêlée, dans des
proportions plus ou moins étendues, à la plupart des
actes ou des rapports qui constituent la vie économique.

Les sociétés modernes, dans notre monde occidental,
appartiennent à cette dernière catégorie : aussi, la valeur
y est, pour ce motif, l'une des principales notions de
l'économie politique ; et néanmoins, malgré ses univer-
selles applications, elle figure encore, comme il est dit
ci-dessus, parmi les plus obscures et les plus controver-
sées.

Adam Smith, dans son grand ouvrage sur *la richesse
des Nations*, tome Ier, pages 35 et 36 de l'édition Guillaumin, en parle dans ces termes :

« Il faut observer que le mot *valeur* a deux significa-
» tions différentes : quelquefois il signifie l'utilité d'un
» objet particulier ; et quelquefois il signifie la faculté
» que donne la possession de cet objet d'en acheter
» d'autres marchandises. On peut appeler l'une *valeur
» en usage*, et l'autre *valeur en échange*.

» Des choses qui ont souvent la plus grande valeur en
» usage n'ont que peu ou point de valeur en échange ; et
» au contraire, celles qui ont la plus grande valeur en
» échange n'ont que peu ou point de valeur en usage. Il

» n'y a rien de plus utile que l'eau, mais elle ne peut
» presque rien acheter. Un diamant, au contraire, n'a
» presque aucune valeur quant à l'usage, mais on trouve
» fréquemment à l'échanger contre une très grande quan-
» tité d'autres marchandises. »

C'est là, croyons-nous, tout ce que contient sur cette
matière, au point de vue des principes, le volumineux
traité d'Adam Smith. Mais il n'est pas exact, dirons-nous,
que le mot *valeur* ait parmi nous ces deux significations;
car, dans aucun cas, lorsqu'on prononce ce mot, on
n'entend l'appliquer spécialement à l'utilité des choses;
on n'a jamais en vue cette utilité isolée, qui est d'ailleurs,
économiquement parlant, nous le reconnaissons, une
notion existante et parfaitement distincte de la qualité
échangeable.

Ainsi, la doctrine professée par Adam Smith est enta-
chée d'un défaut capital; car elle a divisé ce qui devait
demeurer uni dans la théorie; elle a appliqué la même
dénomination, et elle paraît, par suite, avoir attribué le
même rôle à deux éléments économiques dont la nature
et les effets sont absolument différents; enfin, comme
conséquence, elle a jeté dans cette partie de la science un
trouble et une confusion dont jusqu'ici elle ne s'est pas
encore complètement dégagée.

Cette doctrine néanmoins a été adoptée tout d'abord,
avec ou sans modifications, par de nombreux disciples,
entre lesquels figurent avec le plus d'éclat, J.-B. Say,
Rossi et Blanqui, aujourd'hui décédés.

Ce dernier dit ce qui suit dans une note sur le passage
cité ci-dessus, note que nous allons rapporter textuelle-
ment parce qu'elle a le mérite de montrer dans tout leur
jour les difficultés inhérentes à la question.

« Il n'y a pas de sujet qui ait plus exercé les Écono-

» mistes, et qui ait donné lieu à plus de controverses et
» de dissertations que la définition de la valeur. La plu-
» part des écrivains se sont égarés dans un dédale d'ar-
» guties métaphysiques sur le sens économique de ce
» mot : nous ne citerons pas la longue nomenclature de
» ces monographies devenues inutiles. Il est reconnu
» aujourd'hui par tous les auteurs qui font autorité dans
» la science, que la *distinction établie par Adam Smith a*
» *l'inappréciable avantage d'établir nettement le carac-*
» *tère particulier de la valeur en échange, la seule sur*
» *laquelle s'exercent les transactions,* parce qu'elle est le
» produit du travail humain. » (Même page que le texte
auquel la note se réfère.)

Blanqui, dans ce passage, on le voit, n'accepte ni ne
répudie en son entier la doctrine du maître : il parle de
la valeur en échange, mais il laisse dans l'ombre *la va-*
leur en usage. Il scinde donc indirectement cette doctrine, sans néanmoins se prononcer en termes formels sur
cette élimination, sans répudier expressément *la valeur en*
usage. Il se tient, avec intention sans doute, dans une situation intermédiaire, entre l'approbation complète et la
critique ouverte et franche. Naturellement, avec cette situation indécise et ambiguë, il n'a pas fait avancer la
science.

D'autres économistes plus hardis et plus explicites que
lui rejettent résolûment la première partie de la théorie
pour s'en tenir exclusivement à la seconde : ils ensei-
gnent dans leurs écrits qu'il n'y a qu'une seule espèce de valeur, qui est *la valeur en échange.* Ces der-
niers se sont rapprochés davantage du but poursuivi,
mais, d'après nous, ils ne l'ont point atteint.

Bastiat, notre illustre compatriote des Landes, l'un des
plus éminents d'entre tous ceux qui ont traité cette matière, abandonnant les voies tracées par ses devanciers,

renonçant aux locutions consacrées de *valeur en usage* et de *valeur en échange*, et se plaçant à un point de vue tout différent, dit que *la valeur n'est qu'un rapport entre deux services échangés.* Cette définition se présente avec un caractère de profondeur apparente qui a séduit beaucoup d'esprits. Elle contient certainement une part de vérité, mais nous démontrerons bientôt qu'elle s'est bornée à déplacer le champ du débat ; elle y a introduit sans doute un élément nouveau ; mais, d'après nous, ce n'est pas celui qui devait résoudre le problème.

Depuis lors, aucun Économiste, à notre connaissance, n'a été plus heureux que lui.

Ainsi, la lacune, ou, pour mieux dire, l'erreur qui entachait cette partie de la science aux temps de Blanqui et de Bastiat, existe encore de nos jours. Et ce qui le prouve manifestement, c'est que nous n'avons pas aujourd'hui, non plus qu'alors, une théorie ou une définition de la valeur qui ait obtenu l'adhésion de tous.

Cette situation prouve aussi, sans contredit, que la matière est obscure, d'une obscurité profonde, et jusqu'ici impénétrable. Mais est-ce une raison pour en détourner les regards ? Devons-nous la considérer désormais comme un de ces problèmes inextricables et insolubles contre lesquels se heurteront éternellement et inutilement tous les efforts de l'intelligence humaine ? Personne ne le pense apparemment, car la plupart des Économistes qui se sont fait un nom dans la science, ont tenu à honneur de se mesurer avec ses difficultés. Aussi, prenant exemple sur ces illustres devanciers, et faisant acte de courage plus que de prudence peut-être, nous l'avons abordée à notre tour, afin de mettre en lumière un point de vue qui leur a échappé, et qui nous paraît avoir en cette matière une importance capitale et peut-être même décisive.

Et d'abord, pour commencer, reprenons la première définition. D'après Adam Smith et ses disciples, il y aurait, comme il vient d'être dit, deux sortes de valeurs : *la valeur en usage* et *la valeur en échange*. Mais existe-t-il véritablement, au point de vue théorique, deux espèces de valeurs : *premièrement*, une valeur utilisable ou consommable ; et *secondement*, une valeur vénale ou échangeable? En d'autres termes, les qualités utiles d'une chose qui font qu'elle est susceptible de subvenir à quelqu'un de nos besoins, primitifs ou dérivés, naturels ou factices, ces qualités constituent-elles une première espèce de valeur ? Et, d'un autre côté, la qualité vénale ou échangeable d'une chose qui fait que nous pouvons la vendre moyennant un prix stipulé en monnaie, ou l'échanger, la troquer, moyennant la remise d'un objet non monnayé, cette qualité forme-t-elle l'assiette d'une seconde espèce de valeur, isolée et indépendante de la première ?

Non, dirons-nous. En effet, si nous acceptons la doctrine inaugurée par Adam Smith, si nous admettons que l'utilité prise séparément forme une valeur particulière qui constitue ce qu'il appelle *la valeur en usage*, il faudra en déduire comme conséquence, contenue implicitement dans le principe, que les objets considérés sous ce premier aspect, ont d'autant plus de valeur qu'ils sont plus utiles; et que, par conséquent, l'eau, l'air, la lumière du soleil, sans lesquels l'espèce humaine ne saurait subsister, et qui, par suite, occupent le premier rang parmi les choses utiles, sont aussi celles qui ont le plus de valeur. Mais une pareille conclusion serait absolument contraire au sens que reçoit, dans notre langue, l'expression économique de valeur. Adam Smith, du reste, a vu parfaitement où mènerait un pareil principe ; aussi, usant d'une tactique familière aux écrivains, il n'a pas manqué de dire, pour se soustraire à cette conséquence prévue, que la valeur n'est pas toujours en raison directe de l'utilité, et qu'il y a des objets extrêmement utiles qui sont dénués de toute valeur, et il en donne l'eau pour exemple.

Mais quel est le résultat de cette exception ? C'est de détruire absolument toute cette partie de sa théorie, c'est de la réduire à néant. En effet, si quelques-unes des choses qui sont, non-seulement utiles, mais encore indispensables à notre existence, ne contiennent pas une valeur proportionnée à leur utilité et à leur nécessité; si, dans certains cas même, elles sont dépourvues de toute valeur, il s'ensuit qu'il n'y a pas véritablement de valeur en usage ; que l'utilité, c'est-à-dire la propriété utilisable et consommable des choses peut bien être un des éléments essentiels de la valeur, mais que, seule, indépendamment d'une autre qualité ou propriété auxiliaire, elle ne forme pas une espèce particulière de valeur.

Faut-il en dire autant de la qualité vénale ou échangeable des choses ? Cette qualité, considérée abstraitement et indépendamment de la première, ne peut-elle, par elle-même et par elle seule, constituer une valeur spéciale et distincte ? — Il y a ici, quant à la nature particulière de chacune de ces qualités, une différence capitale qu'il importe de signaler dès à présent. En effet, si l'utilité peut exister dans les objets sans la qualité échangeable, comme le remarque et le constate justement Adam Smith, il n'en est pas de même de cette dernière qualité, qui ne peut pas exister sans la précédente, c'est-à-dire sans celle qui sert à satisfaire quelqu'un de nos besoins réels ou artificiels, qualité désignée par les Économistes sous le nom d'utilité. En d'autres termes, la qualité échangeable implique la réunion des deux qualités que nous analysons ici. Elle ne peut donc pas concrètement, logiquement, être séparée de la première, qui en forme une partie intégrante et essentielle, parce que, dans ce cas, elle perdrait une de ses conditions d'existence, et qu'elle cesserait d'être non-seulement une valeur vénale et échangeable, mais même une valeur. Elle ne peut en être séparée qu'au moyen d'une abstraction, c'est-à-dire au moyen d'une sorte de dissection métaphysique, qui tranche dans le vif du sujet, et qui en isole fictivement les éléments constituants.

Ajoutons, objection non moins saisissante ! que, s'il y avait réellement, dans les divers objets qui servent à satisfaire nos besoins, une valeur d'usage en même temps qu'une valeur d'échange, il en résulterait que chacun de ces objets contiendrait à la fois deux valeurs coexistantes et distinctes, marchant en quelque sorte côte à côte, subsistant simultanément, et néanmoins séparément, ayant chacune une nature particulière et un caractère spécial. Mais il n'en est pas ainsi dans la réalité des choses ; et personne ne s'est jamais avisé de voir concurremment dans les objets ces deux sortes de valeur, par la raison péremptoire qu'elles ne s'y trouvent pas.

Il suit donc de là, en premier lieu, que ces deux espèces de qualités, la qualité consommable ou utilisable d'un côté, et la qualité vénale ou échangeable de l'autre, ne forment pas deux espèces particulières de valeur ; en second lieu, qu'il n'y a qu'une seule espèce de valeur qui exige, entr'autres conditions, la présence et le concours des deux qualités ; et en troisième lieu, que la valeur, qui est le tout, n'est pas adéquate à chacune de ces deux parties, et qu'elle ne réside pas dans chacune d'elles séparément.

Mais la valeur du moins est-elle le résultat naturel et nécessaire de leur seule réunion ? Ou, en d'autres termes, suffit-il qu'il y ait dans un objet utilité intrinsèque ou extrinsèque, et en même temps pouvoir virtuel d'échange ou d'achat, pour que la valeur se produise immédiatement, à la manière des composés chimiques, par le seul effet de leur coexistence et de leur rapprochement ?

Non, répondrons-nous ; il faut de plus un autre élément, un autre agent, qu'on pourrait comparer par son mode d'action, soit aux réactifs dont la chimie fait usage, soit à la force motrice que l'industrie emploie pour mettre en mouvement les machines et les engins avec lesquels elle façonne la matière ; soit encore à ce pouvoir mystérieux, inégalement répandu dans la nature, qu'on appelle la *force vitale* ou *la vie*, autant du moins que l'on peut comparer des choses aussi dissemblables.

Ce troisième élément, que nous allons indiquer ci-après, diffère absolument par sa nature des deux premiers, c'est-à-dire de la qualité utilisable et de la qualité échangeable : il consiste dans une appréciation, dans une estimation, dans une prisée, en un mot dans un acte de l'esprit humain. Ainsi, l'esprit humain joue ici un rôle important, et, de plus, nécessaire ; et nous dirions volontiers, prépondérant. Il détermine, il fixe la valeur des choses ; et remarquons qu'il ne se borne pas à déterminer cette valeur au moyen d'une sorte de mesurage, par une application plus ou moins exacte des cours commerciaux : c'est là sans doute une de ses fonctions, mais ce n'est pas la seule, ni la principale, car il fixe en outre les cours commerciaux eux-mêmes ; il les fait et il les défait avec une souveraine autorité.

Notons encore que le rôle de l'esprit n'est pas seulement nécessaire, mais il a de plus un autre caractère ; il est, à beaucoup d'égards, discrétionnaire et même arbitraire. En effet, ses estimations sont sujettes aux écarts les plus extrêmes, les plus inattendus, les plus capricieux, et par suite les plus inexplicables. On peut en voir des exemples frappants dans les objets de mode : durant leur période de faveur, ils atteignent souvent des prix excessifs, hors de proportion avec leur utilité réelle ; et plus tard, à la suite d'un revirement plus ou moins prompt, survenu dans les esprits par des causes purement intellectuelles, et qui sont absolument étrangères à leurs qualités intrinsèques, ils tombent fréquemment à des taux infimes et sans aucun rapport avec leur utilité réelle. Or, ces variations profondes et subites, nées du caprice, qui sont par conséquent l'œuvre exclusive de l'esprit humain, prouvent sa puissance en cette matière par leurs excès mêmes ; elles montrent de la manière la plus irrécusable et la plus frappante la part qu'il prend dans la formation de la valeur.

Et l'esprit, il faut le remarquer, intervient ici, non pour constater des phénomènes accessibles aux sens, non pour découvrir et appliquer des lois naturelles, non pour dégager de leurs ombres des rapports inaperçus et préexistants, comme dans les sciences ordinaires ; mais pour édicter ces lois, pour susciter ces rapports, pour participer à la création de ces phénomènes, toutes opérations foncièrement différentes. — Il procède, avons-nous dit, par des appréciations ; or, ces appréciations sont sujettes à des inégalités, à des variations, à des méprises, à des erreurs, comme toutes les opérations de ce genre ; mais, chose remarquable ! l'erreur accréditée, généralement acceptée, a ici, pendant toute sa durée, le même effet que la vérité, et de même que, dans l'ordre juridique, relativement à certains points particuliers, nous disons : *l'erreur commune, en fait de droit, fait le droit, error communis facit jus ;* de même en ceci il faut dire, a bien plus juste titre : l'erreur commune, en fait de valeur, fait la valeur; ou avec une formule plus générale : l'opinion commune en fait de valeur, fait la valeur.

C'est là d'ailleurs un caractère commun à toutes les matières, à toutes les données qui reposent sur la convention, caractère qu'on ne retrouverait ni dans les sciences dites exactes, ni dans aucune de celles qui appartiennent à l'ordre physique, en donnant à ce dernier mot son sens le plus étendu. Ainsi, dans un composé chimique, pour reprendre l'exemple présenté ci-dessus, dès que les éléments constitutifs se sont rapprochés, pénétrés, confondus ; dès qu'ils ont exercé l'un sur l'autre, ou les uns sur les autres, l'action inhérente à leur nature, le nouveau corps qui en résulte acquiert, à partir de ce moment, une sorte d'individualité propre, une existence réelle, indépendante de tout ce qui l'entoure, indépendante surtout de l'esprit humain et de ses appréciations. Que ce corps soit le produit du hasard, ou d'une manipulation savante et compliquée ; que l'homme ait concouru à sa formation, ou qu'il y soit demeuré étranger ; qu'il connaisse à fond sa nature et ses diverses applications possibles, ou qu'il les ignore, le composé n'en existe pas moins avec toutes ses propriétés utiles ou nuisibles , malfaisantes ou bénignes , terribles ou inoffensives.

Mais ici rien de pareil : la valeur en soi, la valeur quant à ses modes de fixation, et quant à son existence comme élément économique, est l'œuvre de l'esprit humain ; elle est l'œuvre de la convention ; et, comme tout ce qui est conventionnel de sa nature, elle n'a dans les applications rien d'absolu ; elle est soumise, en fait de quotités, à d'innombrables, à d'incessantes variations.

Rappelons donc encore une fois que, dans la pratique, pour imprimer aux choses particulières le caractère de valeur, il faut l'adhésion, le concours d'un ensemble de volontés convergentes ; il faut le consentement, soit de la généralité des esprits, soit d'un certain nombre d'esprits. Mais sous la condition de cet accord, l'esprit humain devient l'arbitre suprême de la valeur ; il peut l'élever ou l'abaisser à son gré ; il peut attribuer une grande valeur aux objets les plus futiles ; et, à l'inverse, refuser, retirer même toute valeur aux objets qui sont les plus dignes de nos désirs et de nos poursuites.

Enfin, l'esprit humain est, en cette matière, comme

nous l'avons dit ci-dessus, un élément à beaucoup d'égards prépondérant.

Or, c'est cet élément si important que les économistes ont négligé, méconnu dans leurs théories ; auquel, dans tous les cas, ils n'ont pas fait sa part, toute sa part, ni surtout sa véritable part.

Maintenant que nous avons comblé ce que nous croyons être une lacune incontestable de la théorie, examinons à la lumière de cette nouvelle donnée la définition de Bastiat. Elle est ainsi conçue : « *La valeur n'est qu'un rapport entre deux services échangés.* » — L'auteur, pour généraliser davantage sa proposition, usant d'ailleurs d'un droit très légitime, passe par dessus le résultat du travail, qui est le produit, pour remonter jusqu'au travail lui-même qu'il désigne par le nom plus compréhensif de *services*. Or, cette formule est-elle plus exacte que les précédentes ? Embrasse-t-elle le phénomène économique tout entier, avec l'ensemble des parties qui le constituent ? Et d'un autre côté, le présente-t-elle sous son aspect le plus saillant, avec son caractère propre et distinctif ? Contient-elle, en un mot, la définition vraie, complète, irrécusable de la valeur ? Nous ne le croyons pas. En effet, un rapport est la résultante de deux termes : dès que les deux termes sont posés et mis en présence, cette résultante en dérive naturellement et nécessairement, avec une rigueur absolue. Les sciences mathématiques et physiques nous en offrent d'innombrables exemples. Mais en est-il de même en matière de valeur ? Suffit-il que nous mettions en présence des services respectifs, ou les objets dans lesquels ces services sont incorporés, pour que la valeur en résulte immédiatement, et pour que cette valeur soit toujours proportionnée à l'importance relative des deux services rapprochés et comparés ? Non : cette valeur, comme nous l'avons déjà dit, est sujette à des inégalités profondes, sans corrélation exacte avec les services rendus ou réalisés. Il arrive souvent qu'entre deux services égaux en mérite, en labeur effectif, en utilité réelle, qui sont mis en présence, la valeur de l'un des deux soit très grande, tandis que celle de l'autre est très petite, et que même, dans certains cas, elle disparaisse complètement.

Voilà une première objection contre la définition de Bastiat.

En voici une seconde plus abstraite, plus obscure, plus difficile à exposer, mais que nous allons néanmoins présenter, en essayant de la rendre aussi claire que possible au moyen de l'exemple suivant :

Un maître ou patron, agriculteur ou manufacturier, obtient d'un agent salarié, journalier de terre ou travailleur de l'industrie, ouvrier libre ou domestique, en vertu d'une convention qui porte dans nos lois le nom de louage d'ouvrage, une certaine somme de travail, exécuté soit à la tâche, soit à la journée. C'est un service rendu à titre onéreux qui implique une rétribution. Après l'accomplissement de ce labeur, le maître en paie le prix, soit en argent, soit même quelquefois, mais très rarement, en denrées ou produits, évalués d'ailleurs contradictoirement en sommes monétaires. Cet argent et ces denrées ou produits sont eux-mêmes le fruit d'un travail antérieur ; ils contiennent également en eux-mêmes une certaine somme de services, obtenus le plus souvent à titre onéreux, et qui équivalent par conséquent à des services rétribués.

Il se produit donc là, entre le patron et l'ouvrier, entre le maître et le serviteur à gages, un rapport d'échange ou d'achat qui a eu pour base, d'une part un service actuel, et de l'autre un service ou une collection de services anciennement rendus et incorporés, soit dans le métal monnayé, soit dans la denrée. Le service actuel et le service ancien sont les deux termes du rapport; et ils ont été échangés l'un contre l'autre. Voilà le fait économique présenté avec tous ses éléments constitutifs. Mais où faut-il chercher la valeur là-dedans, cette valeur qui, d'après Bastiat, résulterait du rapport des deux services rapprochés et échangés, et qui serait l'expression fidèle de ce rapport ? Existe-t-elle en dehors des deux termes, comme cela se voit dans toutes les autres sciences, où le rapport forme toujours une sorte d'entité, un produit nouveau distinct des deux termes qui lui ont donné naissance; en un mot, n'y a-t-il là dedans qu'une seule valeur, comme paraît l'enseigner la théorie de Bastiat ? Ou bien, la valeur est-elle au contraire inhérente à chacun des deux termes générateurs du rapport, et ne se trouve-t-elle que là, c'est-à-dire y a-t-il deux valeurs, et n'y en a-t-il que deux, comme semblent l'indiquer les apparences ? Ou bien enfin, réunissant, combinant toutes ces données d'origine différente, faut-il proclamer qu'il y a là trois valeurs distinctes, savoir : la valeur qui repose sur le rapport proprement dit, et en outre celles qui sont propres à chacun de ses deux termes ? Si nous prenons à la lettre la proposition de Bastiat, nous devons dire que, comme il n'y a qu'un rapport dans chaque fait de vente ou d'échange, et dans chaque fait de rémunération ayant le travail pour cause, il ne saurait y avoir qu'une seule valeur. Mais cette conclusion serait doublement erronée; car, d'un côté, dans tout rapport fondé sur un service rétribué, il y a deux valeurs en présence, l'une qui réside dans le travail de l'ouvrier, c'est-à-dire dans le service actuel; et l'autre qui a son siége dans le salaire payé par le maître, c'est-à-dire dans le service ancien; et d'un autre côté, il n'y a pas une troisième valeur placée dans une sorte de région intermédiaire, et qui existerait en dehors des deux termes sur lesquels le rapport est fondé. Cette dernière valeur qui, dans le système de Bastiat serait la seule, cette valeur qui serait l'expression du rapport analysé ci-dessus, n'apparaît nulle part. On a beau fouiller, explorer, scruter le sujet, on ne la trouve, ni à l'état théorique, ni à l'état pratique; ni à l'état abstrait, ni à l'état concret. — Mais alors, dira-t-on peut-être, que devient ce prétendu rapport présenté par Bastiat comme le fondement de la valeur ? Evidemment, il n'existe pas : du moins il n'existe pas avec le caractère, avec le rôle, avec les effets que l'auteur lui attribue ; il n'existe pas comme base, comme condition, comme expression de la valeur.

Cependant, nous n'entendons pas dire par là qu'il ne peut y avoir dans cet ordre de phénomènes aucune espèce de rapport. Loin de nous cette pensée. Toute valeur concrète est une quantité, elle est la détermination d'une valeur particulière ; et la détermination d'une quantité quelconque, en fait de valeur comme en fait de distance, de durée ou de toute autre chose, implique l'idée de mesure, et, par suite, l'idée d'un rapport entre la mesure servant de type et la chose mesurée.

La valeur a donc cela de commun avec toutes les quantités, qu'elle est fixée, quant à ses quotités, au moyen d'un étalon ; mais elle se distingue du rapport proprement dit en ce qu'elle existe dans chacune des choses que l'on met en présence pour les comparer et les mesurer, et qu'elle n'existe pas en dehors d'elles.

La valeur une fois créée comme notion économique, dans les conditions précédemment indiquées, c'est-à-dire au moyen d'un concept intellectuel, existe à l'état indéterminé, indépendamment de la mesure admise pour étalon, comme le temps et l'espace, par exemple, lesquels ont une existence indépendante des mesures typiques et de leurs multiples et sous-multiples adoptés, dans toutes les sociétés humaines, pour comparer entre elles des quantités données de temps et d'espace.

Il y a donc là dedans trois choses distinctes : d'abord, la masse originaire et générale sur laquelle, ou sur partie de laquelle on opère les mesurages ; ensuite l'étalon, la mesure au moyen de laquelle on exécute ces opérations, et enfin, la notion même de valeur, le concept intellectuel, qui permet de discerner, de découvrir, d'envisager sous un aspect particulier les deux autres choses, masse et mesure, et d'y voir un élément *sui generis*, un élément différent de tous ceux qui existent ailleurs, soit dans la nature, soit dans la société, soit dans les autres sciences, soit dans la science économique elle-même.

Aucune de ces choses, prise en particulier, ne constitue un rapport par elle-même et par elle seule. Un rapport, comme nous l'avons déjà dit, étant la résultante de deux termes, ne se confond point avec les termes qui l'engendrent. Il forme un élément nouveau qui procède des deux autres, mais qui s'en distingue, comme l'enfant procède du père et de la mère dont il tient l'existence, et dont il se sépare néanmoins de manière à former une individualité nouvelle. Par conséquent, la valeur, considérée en soi, dans sa nature propre, la valeur, à son origine, n'est pas l'expression d'un rapport, pas plus que le temps, pas plus que l'espace. Et ce qui prouve d'une manière irrécusable, ce nous semble, que la valeur dans son essence n'est pas un rapport, qu'elle ne repose pas sur un rapport, qu'elle n'est pas l'expression d'un rapport, quoiqu'elle puisse donner lieu à d'innombrables rapports, c'est que les quantités, principales ou divisionnaires, qui servent à mesurer des valeurs, contiennent précisément cette qualité en elles-mêmes avant d'être employées comme mesures ; et que c'est uniquement parce qu'elles ont cette même propriété, c'est parce qu'elles impliquent la notion de valeur, qu'elles sont aptes à remplir cet office, puisqu'on ne peut mesurer les choses qu'avec leurs semblables : le temps avec des mesures de temps, l'étendue avec des mesures d'étendue, et les valeurs avec des valeurs.

Dans notre étude, nous remontons, qu'on le remarque bien, jusqu'à la source même de la notion de valeur. Cette notion, qui se distingue si nettement, si profondément de toutes les autres notions scientifiques, et même de toutes les autres notions économiques, a donné naissance dans tous les temps, chez tous les peuples, à des étalons d'une nature particulière. Ces étalons ont varié dans le passé, ils varient dans le présent, de contrée à contrée, de peuple à peuple, comme tous les autres étalons ; mais, évidemment, ils n'ont pu être institués qu'après que la notion de valeur elle-même a été conçue, après qu'elle a fait son apparition dans l'intelligence humaine, après qu'elle a fait son entrée dans le domaine économique de chaque peuple. Si l'on entend la définition de Bastiat, et le mot rapport dont il fait usage, dans le sens d'une simple détermination de quantité, dans le sens d'un simple mesurage effectué, entre les services échangés, au moyen d'un étalon préexistant, bien que plus ou moins dissimulé, sa proposition a un sens ; mais alors le problème qui a trait à la nature de la valeur, le problème qui a pour but de chercher ce que c'est que la valeur, ce problème demeure à l'état pendant ; il n'a pas été résolu ; il n'a pas même été effleuré. Si, au contraire, on y voit une définition tendant à formuler les conditions suivant lesquelles la notion de valeur (qui a dû, de toute nécessité, précéder la constitution de l'étalon spécial) est sortie du néant pour arriver à l'existence, pour prendre une sorte de corps, dans ce cas sa définition n'a plus de sens ; elle n'atteint pas son but, car elle suppose acquis ce qui est encore en question ; elle suppose trouvé ce qui est l'objet même de ses recherches.

Bastiat a placé dans un rapport le fondement de la valeur ; il fait de ce rapport la condition d'existence de la valeur. Mais c'est confondre la partie avec le tout. On demande à Bastiat de nous expliquer théoriquement, scientifiquement, ce que c'est que ce tout, et pour réponse, il nous en montre une partie. Or, que savons-nous de plus, après cette présentation, sur la nature même, soit de la partie, soit du tout auquel cette partie se rapporte ?

Et, pour reprendre notre comparaison, on ne dit pas : le temps est un rapport entre deux moments de la durée; on ne dit pas non plus : l'espace est un rapport entre deux points de l'étendue ; car ces rapports n'indiquent que des quantités ; les quantités qui en résultent sont des parties de temps et d'espace ; mais après que ces termes ont été posés, on ne sait pas ce que c'est que le temps, on ne sait pas ce que c'est que l'espace. De même un rapport entre deux services échangés peut exprimer une valeur d'une certaine quotité, car l'échange, opération économique d'une nature particulière, a lieu précisément parce que chacun de ces services porte en lui cette même propriété de la valeur; mais ce rapport ne nous apprend pas ce que c'est que la valeur en elle-même; il met en jeu des valeurs, mais il ne nous enseigne pas en quoi consiste la valeur.

Il suit donc de tout cela que la valeur en soi, dans son essence, n'est pas plus un rapport que le temps et l'espace ne sont des rapports. Seulement, des quantités fixes et convenues de temps, d'espace et de valeur peuvent être adoptées comme mesure et servir de base à des comparaisons, à des mesurages, à des rapports divers entre des entités de même nature.

C'est dans ce sens, et dans ce sens seulement, qu'il peut y avoir des rapports en matière de valeur. Mais ce n'est pas sous ce point de vue que Bastiat les a envisagés dans la proposition que nous avons analysée : il n'a pas vu là seulement des déterminations, des fixations de quantités ; il a prétendu trouver dans ces rapports eux-mêmes les éléments constitutifs de la valeur, les conditions essentielles et suffisantes de toute valeur.

Nous en concluons donc que sa définition est fausse. Elle est fausse d'abord parce qu'elle est inexacte ; et en second lieu, parce qu'elle est incomplète, parce qu'elle omet, comme la théorie d'Adam Smith et de ses disciples, le rôle de l'esprit humain, avec sa puissance discrétionnaire, avec son autorité souveraine, avec sa prépondérance définitive. Bastiat a raisonné comme s'il se trouvait en présence d'une science ordinaire : tout en demeurant fidèle à son point de vue particulier, il n'a envisagé dans le sujet que des éléments fixes et absolus, et c'est avec ces éléments qu'il a construit sa doctrine. — Mais, dans la matière qui nous occupe, à côté de ce qui est fixe, se trouve ce qui est mobile ; à côté de ce qui est absolu, ce qui est contingent ; à côté de ce qui est matériel, ce qui est intellectuel ; et c'est de ce mélange hétérogène et disparate que sont venus, nous le croyons, les obstacles et les difficultés, insurmontables jusqu'ici, qui ont déjoué en ce point tous les efforts des économistes, ceux de Bastiat comme ceux de ses prédécesseurs et de ses successeurs.

La théorie d'Adam Smith et celle de Bastiat sont les deux types principaux auxquels on pourrait ramener toutes celles qui ont été émises sur ce sujet, et qui se rapprochent de l'une ou de l'autre, inclinant tantôt vers la première, tantôt vers la seconde.

Ainsi, MM. J. Stuart-Mill, Cherbulliez, et d'autres, ont prétendu que la valeur repose sur un simple rapport de quantité entre deux termes, lesquels ressemblent aux plateaux d'une balance, dont l'un s'abaisse quand l'autre s'élève, et réciproquement. D'où il résulterait, d'après eux, qu'il ne saurait jamais y avoir, dans l'ordre économique, ni augmentations, ni diminutions générales de valeur. — Cette théorie se rattache évidemment à celle de Bastiat, du moins par ses assises principales, si ce n'est par ses conséquences.

D'autres moins connus, venus plus récemment, voient dans la valeur un attribut, une qualité qui affecte les objets eux-mêmes, qualité qui existerait, sous certaines conditions, dans certains objets propres à satisfaire nos besoins, et non dans les autres. — Cette seconde théorie se rattache sans contredit à celle d'Adam Smith.

En dehors des deux théories typiques que nous venons de rappeler, nous n'en connaissons pas qui présentent une véritable originalité. Nous n'en exceptons pas même celle de Karl Marx, dont nous parlerons bientôt, qui n'est qu'un amalgame incohérent des deux autres, et qui n'en diffère que par les appendices qu'il y ajoute, et par les conséquences qu'il en déduit.

En résumé, dans toute notion de valeur appliquée à un objet déterminé, il y a, selon nous, les trois éléments suivants :

1° Certaines qualités ou propriétés, dites utiles ou utilisables, qui font que cet objet peut servir à satisfaire quelqu'un de nos besoins, propriétés d'ailleurs qui le plus souvent existent réellement et physiquement dans l'objet lui-même ;

2° Une propriété de nature très différente, la propriété vénale ou échangeable, qui fait que cet objet peut être vendu, trafiqué, échangé, transmis à titre onéreux, au lieu et place d'un autre, qui est doué de la même qualité. C'est là d'ailleurs une qualité civile, juridique, artificielle par conséquent, reconnue, instituée, réglementée d'abord par les usages dans les sociétés primitives, et plus tard par les diverses législations chez les peuples civilisés; une qualité qui implique l'existence d'un état social parvenu à un certain degré d'avancement;

3° Enfin, une appréciation, une estimation, une prisée généralement admise, qui consiste dans une vue de l'esprit, dans un acte de l'intelligence, dans un concept.

Mais ces trois éléments que l'analyse révèle, qu'elle discerne avec netteté, et qu'elle isole théoriquement et fictivement, à l'aide des procédés qui lui sont propres, ces trois éléments rentrent les uns dans les autres, semblables aux enveloppes successives et concentriques qui constituent la plupart des végétaux. Ainsi, l'estimation, œuvre de l'esprit, repose sur l'idée exacte ou fausse, rationnelle ou capricieuse que l'on se fait de la qualité vénale ou échangeable et de son degré d'intensité; elle suppose toujours l'existence de cette qualité. Celle-ci, à son tour, est, au fond, malgré ses oscillations perpétuelles et ses inégalités inévitables, subordonnée à la qualité utilisable, qui en est comme l'axe, comme le point central. Mais, dans leur ensemble, ces trois éléments forment un tout unique, quoique complexe, dont toutes les parties sont placées, les unes par rapport aux autres, dans une étroite liaison, et même dans une dépendance réciproque, de telle sorte que la dernière, dans l'ordre analytique, c'est-à-dire l'estimation, l'acte intellectuel, le concept, est aussi nécessaire, aussi indispensable que les deux autres à la formation de la valeur, et que même, sous un autre point de vue, elle en est l'agent principal et prédominant.

Quelle serait donc, d'après tout cela, la définition qui devrait être adoptée, en fait de valeur?

Voici une formule dans laquelle nous avons fait entrer, selon leur ordre d'importance, tous les éléments indiqués par les analyses précédentes :

« La valeur consiste dans une estimation admise contradictoirement par les intéressés, et portant sur la qualité vénale ou échangeable des choses utiles ou utilisables, que la nature ne fournit pas aux hommes en quantités illimitées. »

Nous proposons pour le moment cette définition, qu'on pourrait modifier sans doute, simplifier peut-être, mais sans nous flatter d'ailleurs d'avoir prononcé en ce point le dernier mot de la science.

DEUXIÈME PARTIE

On se demandera peut-être à quoi peut servir une pareille théorie qui, remontant jusques dans les hautes sphères d'une sorte de métaphysique économique, pour y puiser ses élémens constitutifs, ne semble pas susceptible d'en redescendre pour se prêter aux applications de la science et de la pratique? Et c'est en effet la question que l'on s'est déjà posée.

Un homme de beaucoup de savoir, d'une grande portée d'esprit, un membre de l'Institut, économiste éminent, auquel cette *Théorie de la valeur* fut soumise, il y a quelques années, après en avoir porté alors ce témoignage *qu'elle dénote chez son auteur une grande puissance d'observation* (témoignage bien flatteur assurément, venant d'un pareil juge!); après avoir déclaré en outre *qu'elle ne contient rien qui ne soit acceptable*, ajoutait cependant qu'elle ne saurait être d'aucune utilité dans la pratique, parce qu'elle envisage les choses d'une manière trop générale et trop exclusivement spéculative. Il la comparait à ces systèmes philosophiques que l'on édifierait sur les notions de temps, d'espace, de couleur, et autres semblables, que tout le monde comprend sur leur seule énonciation, qu'il est par conséquent inutile de définir, et que l'on définirait d'ailleurs sans aucune utilité. Il y voyait une vérité sans doute, mais une vérité destinée à rester éternellement stérile. Or, contre cette imputation de stérilité, portée à tort d'après nous, nous répondrons ceci :

Une théorie scientifique n'est jamais trop générale, ni trop haute, pourvu qu'elle soit exacte. Plus elle est générale, et plus elle embrasse d'objets; plus elle voit les choses de haut, et mieux elle les domine, mieux elle les juge.

Les découvertes accomplies sur les hauteurs de la science pure, dans ce que nous appellerons la région des principes, illuminent d'une vive clarté toutes ses parties accessoires et secondaires. Elles aident à dissiper les obscurités qui semblaient les plus impénétrables; à concilier les faits en apparence les plus disparates; à donner la clef des situations qui paraissent les plus inextricables.

Ce seront là, espérons-le, les services que rendra notre théorie, grâce à l'élément nouveau que nous y avons introduit, élément qui remplit un rôle indispensable et prédominant dans tout ce qui se rattache à la notion de valeur.

Cette théorie ne sera donc pas stérile; elle trouvera des applications nombreuses, tant dans l'ordre dogmatique que dans l'ordre critique, soit pour rectifier certaines doctrines qui, en ces matières, n'ont pas encore atteint un degré suffisant de rigueur et de netteté; soit pour résoudre certains problèmes qui sont encore pendants; soit enfin pour réfuter certains systèmes qui ont la prétention de tenir la science en échec. Et nous le démontrerons au moyen des quatre exemples suivants, qui peuvent donner un aperçu des secours qu'elle est susceptible de fournir à ces divers points de vue.

PREMIER EXEMPLE

—

Rectification de la doctrine économique relative aux deux notions de richesse et de valeur.

—

Les économistes appartenant à l'Ecole réputée orthodoxe, disent : *L'économie politique est la science des lois qui président à la production, à la distribution et à la consommation des richesses* (ce qui comprend implicitement la répartition, la circulation et l'échange); et tout aussitôt ils ajoutent : *Les richesses consistent dans les choses qui sont propres à satisfaire nos besoins, et qui sont en même temps douées de valeur vénale ou échangeable.* — Ce sont les termes mêmes qu'ils emploient le plus habituellement. — D'où il suit que, d'après cet ensemble de propositions, l'économie politique ayant pour objet les richesses; les richesses, en second lieu, consistant dans les choses propres à satisfaire nos besoins; et enfin, les choses qui ont cette propriété n'étant des richesses, à leurs yeux, qu'à la condition de contenir une valeur vénale ou échangeable, ils en arrivent très promptement, et très logiquement, à confondre ces deux notions l'une avec l'autre, la richesse avec la valeur, et la valeur avec la richesse. Nous pourrions en multiplier les preuves à volonté; on les trouve répandues à profusion dans tous leurs écrits; nous nous bornerons aux citations suivantes :

Mac-Culloch, dans une note sur le grand ouvrage d'Adam Smith, tome Ier, pages 1 et 2 de l'édition Guillaumin, s'exprime ainsi : « Nous sommes portés à penser qu'on » doit considérer les richesses comme désignant tous les » articles ou produits qui sont nécessaires, utiles ou » agréables à l'homme, et *qui en même temps sont doués* » *de valeur échangeable.* Cette dernière qualité exprime- » rait la faculté d'être échangée contre une telle quantité » de travail, contre une ou plusieurs marchandises ou » produits; ou encore la faculté de les acheter..... *Ces* » *articles ou ces produits ont seuls une valeur échangea-* » *ble, et seuls, ils peuvent constituer ce qu'on appelle de* » *la richesse.* L'économie politique n'étudie que les résul- » tats de l'industrie humaine. *Cette science peut vérita-* » *blement être appelée* LA SCIENCE DES VALEURS. »

Ainsi Mac-Culloch, dans ce passage, considère la valeur comme l'équivalent de la richesse, et *vice versâ;* en d'autres termes, il confond ces deux notions, puisque, après avoir dit d'abord que l'économie politique est la *science des richesses,* il dit ensuite qu'elle est la *science des valeurs.*

M. Joseph Garnier, dans ses *Eléments de l'économie politique,* dont la première édition a été publiée en 1845, dit ceci : « La valeur n'est que l'expression d'un rapport » de nos besoins avec les choses qui constituent la » richesse. Ainsi valeur et richesse, sans être synonymes, » sont deux expressions nécessairement corrélatives. » Il serait sans doute bien difficile à M. Garnier d'expliquer comment ces deux expressions peuvent être corrélatives sans être synonymes ; mais, quoi qu'il en soit, par cela seul qu'elles sont corrélatives, par cela seul qu'elles sont dans une dépendance réciproque, elles se prêtent à toutes sortes de confusions, et ces confusions se retrouvent à chaque pas dans tout le cours de son ouvrage.

M. Baudrillart, à son tour, dit, dans son *Manuel d'Économie politique,* chapitre VI, page 31, de l'édition de 1858 : « Nous avons assigné la *richesse,* la *valeur* comme idée constitutive de l'économie politique. » — Remarquons que M. Baudrillart ne dit pas : Nous avons assigné la *richesse,* la *valeur,* comme les *deux idées* constitutives de l'économie politique : non, il parle au singulier ; il présente les deux dénominations comme étant l'expression d'une seule et même idée ; il en fait de purs synonymes. Et s'il pouvait rester quelques doutes à cet égard, l'auteur prend soin de les lever dans un autre passage de son *Manuel,* en termes tellement explicites et formels, qu'il est impossible de se méprendre sur le véritable sens que, dans cette partie de sa doctrine, il attache aux deux mots de *richesse* et de *valeur.* Nous lisons en effet à la page 213 :

« Toute chose utile, qu'il est plus ou moins difficile de se procurer et qui peut acheter une certaine quantité de produits ou de services, est UNE VALEUR, C'EST-A-DIRE UNE RICHESSE. » — M. Baudrillart pouvait-il dire d'une manière plus nette que *la richesse* et *la valeur* sont à ses yeux une seule et même chose ? Lui était-il permis d'établir entr'elles une assimilation plus étroite et plus complète ?

Dans les lignes qui suivent ce même passage, M. Baudrillart, il est vrai, semble apporter à cette proposition une sorte de restriction indirecte, car il dit : « Ce qui importe à une nation, ce n'est pas la valeur, c'est la richesse ; » indiquant par là, ce semble, qu'il admet entr'elles

quelque différence. Mais, après avoir présenté tout d'a-
bord les deux notions comme identiques, les deux expressions comme synonymes, quel peut être l'effet d'une
pareille réserve ? C'est de poser face à face deux thèses
opposées, incompatibles, qui se tiennent réciproquement
en échec. Cette réserve, venant après les affirmations
précédentes, lesquelles, par leur teneur même, excluent
toute exception et toute restriction, ne peut avoir d'autre
résultat que de mettre en évidence les incohérences de
sa doctrine, et les incertitudes de son esprit.

Du reste, ces contradictions et ces incertitudes lui sont
communes avec tous les économistes, qui tantôt distinguent les deux idées l'une de l'autre, et tantôt les
confondent ; qui tantôt reconnaissent en elles quelques
différences, et tantôt les considèrent comme une seule et
même notion, sans jamais parvenir à se fixer dans un
sens ou dans l'autre, sans arriver jamais à une doctrine
nette et définitive.

Et, pour tout dire, dans l'état actuel de la science
économique, cette netteté est impossible à obtenir. Comment en effet établir entre les deux notions une distinction réelle lorsque tout tend à les confondre ? Lorsque
tous ses adeptes sans exception, les plus éminents
comme les plus obscurs, s'accordent pour déclarer que
la richesse est l'objet essentiel de la science, et que la
condition d'existence de toute richesse, c'est la valeur ?
Lorsqu'ils proclament à l'envi que les choses dont elle
s'occupe ne peuvent figurer parmi les richesses qu'autant
qu'elles sont douées de valeur vénale ou échangeable ?

Avec cette doctrine, qui est aujourd'hui universelle-
ment acceptée et enseignée par les Économistes, la
confusion a son siége au cœur même de la science, d'où
elle s'étend à toutes ses parties. Elle est absolument
inextricable.

Notre théorie de la valeur peut seule démêler tout cela en restituant à chacune de ces deux notions son véritable caractère et son véritable rôle, en faisant ressortir les traits qui les distinguent, en présentant sous leur vrai jour les connexités et les affinités qui les unissent sans les confondre.

D'après cette théorie en effet, la valeur n'est pas la même chose que la richesse : la valeur est une qualité métaphysique, immatérielle, une pure conception de l'esprit; la richesse, au contraire, est toute physique et toute matérielle, elle se compose d'objets physiques et matériels.

La valeur consiste dans une appréciation, dans une estimation, dans une prisée, qui exige, pour arriver à sa perfection, le consentement des parties contractantes : c'est une donnée de nature conventionnelle, qui a été imaginée pour agencer et pour faciliter les rapports économiques portant sur des objets propres à satisfaire, soit directement, soit indirectement, nos besoins originaires ou dérivés, matériels ou moraux, individuels ou collectifs. Ces objets sont, relativement à la valeur, comme une sorte de substance, et la valeur est la qualité que l'esprit y attache pour amener leur transmission d'une tête sur une autre.

La richesse, disons-nous, la richesse réalisée, est comme la substance de la valeur, une substance physique et matérielle; la valeur est l'attribut, mais un attribut qui n'existe pas intrinsèquement et physiquement dans les objets, comme la couleur, la densité, la ductilité, et autres propriétés physiques de la matière. La valeur est un attribut intellectuel, immatériel, conventionnel, et par cela même de nature plus ou moins discrétionnaire, que l'esprit crée, dans la mesure, selon les dimensions et les proportions qu'il juge convenables, eu égard aux fins qu'il se propose, et aux circonstances dans lesquelles il opère. La valeur peut varier dans sa mesure, sans limite rigoureuse et précise ; elle peut augmenter ou diminuer, apparaître ou disparaître, par un acte ou certains actes de l'esprit, qui exerce sur cet attribut une autorité souveraine ; tandis que la substance, l'objet utile, ce que l'on appelle la richesse proprement dite, est une entité matérielle, ayant une certaine composition et une certaine conformation, et qui demeure telle plus ou moins long-temps, à moins qu'elle ne subisse des changements dar. son état physique, par des additions, des retranche-ments ou des modifications, qui en font un objet différent de dimension, de forme ou de composition.

Ce sont là, dans notre théorie, les traits essentiels, caractéristiques, qui distinguent la richesse de la valeur ; la substance matérielle appelée richesse, de l'attribut immatériel désigné sous le nom de valeur.

Dans la théorie des Économistes, la richesse contient d'abord la qualité utile, et elle contient en outre la qualité vénale ou échangeable ; et ces deux qualités sont unies, dans cette théorie, par un lien indissoluble ; mais il nous sera facile de démontrer qu'elles ne marchent pas du même pas, et que si la valeur implique l'utilité, elle n'est pas toujours en rapport exact avec cette utilité.

On remarque en effet que les objets utiles, les objets qui composent la richesse, peuvent augmenter de nom-bre ou de quantité, dans une circonscription territoriale donnée, sans que leur valeur acquière nécessairement une augmentation correspondante. Ainsi, il peut arriver, et il arrive fréquemment que, à la suite des accroisse-ments survenus dans certaines branches de la produc-tion, et portant, par exemple, sur des denrées agricoles, telles que du blé et du vin, ou sur des produits manu-facturés, tels que des étoffes, et s'élevant, je suppose, au dixième de la masse totale et moyenne, il peut arriver, disons-nous, que onze cents mètres d'étoffe, ou onze cents hectolitres de blé ou de vin, n'aient pas plus de valeur, après cet accroissement d'un dixième, que n'en auraient eu mille mètres d'étoffe, mille hectolitres de blé ou de vin, avec une production ordinaire, ce qui prouve que la valeur contenue dans ces objets n'est pas fondée uniquement sur leur utilité, puisque onze cents mètres d'étoffe, et onze cents hectolitres de blé ou de vin sont incontestablement plus utiles que mille mètres des uns et mille hectolitres des autres. — De même, il peut arriver que ces produits diminuent de nombre ou de quantité, qu'ils diminuent d'un dixième par exemple, sans que leur valeur d'ensemble subisse une réduction correspondante, bien que leur utilité ait diminué proportionnellement, neuf cents mètres d'étoffe, ou neuf cents hectolitres de blé ou de vin ne pouvant évidemment subvenir aux mêmes besoins que mille mètres ou mille hectolitres de ces divers produits. — Et en ce qui concerne l'agriculture notamment, ces effets se produisent à chaque nouvelle récolte, selon qu'elle est bonne ou mauvaise, abondante ou médiocre, supérieure ou inférieure à la moyenne. — D'où il apparaît manifestement que la valeur ne se règle pas uniquement sur l'utilité des objets, sur l'étendue des besoins qu'ils sont susceptibles de satisfaire, puisque cette valeur totale peut demeurer la même, bien que les objets aient augmenté ou diminué en nombre ou en quantité. Bien plus, cette valeur peut augmenter ou diminuer sans que leur nombre ou leur quantité totale ait augmenté ou diminué : leur valeur en effet varie fréquemment, et à peu près continuellement, par les seules fluctuations du commerce, par ces mouvements de hausse ou de baisse qui lui sont habituels. Et cela prouve encore que la richesse, c'est-à-dire la qualité utile des objets, n'est pas la même chose que la valeur, c'est-à-dire la qualité vénale ou échangeable que l'esprit leur attribue.

L'utilité a devancé la valeur ; l'utilité est de tous les temps, de tous les lieux, de toutes les formes sociales, des plus rudimentaires, aussi bien que des plus perfectionnées. La valeur au contraire n'apparaît sur la scène des intérêts, elle ne reçoit ses applications conventionnelles, que lorsque les sociétés ont atteint un certain degré d'avancement économique.

Dans notre théorie, il y a, quant à ce point, deux notions parfaitement distinctes : la notion de richesse, qui a trait à la qualité utile, et la notion de valeur, qui a trait à la qualité vénale ou échangeable ; et ces différences essentielles, que nous constatons, sont la justification et la confirmation de cette théorie.

Dans celle des Économistes, il y a une première partie où les deux notions sont confondues, où elles sont présentées comme étant des choses absolument identiques ; et c'est celle qui prévaut dans tous leurs écrits, c'est celle qui constitue en cette matière leur principale doctrine, leur doctrine prédominante, comme nous l'avons prouvé par les citations empruntées à Mac-Culloch, à MM. Joseph Garnier et Baudrillart. Et à la suite, il y a une seconde partie qui admet certaines différences ; mais ces différences ne sont pas ce qu'on pourrait appeler des exceptions : elles forment une sorte de théorie nouvelle qui est en contradiction flagrante avec la première, qui est incompatible avec la première.

Dans notre théorie, comme dans celle des Économistes, il y a des affinités étroites entre les deux notions de richesse et de valeur ; mais dans la nôtre, ce sont, si je puis ainsi parler, des rapports de voisinage, de simples rapprochements qui laissent à chaque notion son caractère particulier et son rôle distinct ; tandis que dans celle des Économistes, ce sont des rapports de dépendance et de subordination réciproque qui les absorbent l'une dans l'autre, qui suppriment leur individualité propre, et qui en font des choses identiques.

Dans notre théorie, la valeur étant une qualité dont la richesse, c'est-à-dire l'objet utile, est la substance, on ne s'étonnera pas des liens qui les unissent : ce sont ceux qui existent entre la substance et l'attribut. Et d'un autre côté, cet attribut étant une pure création de l'esprit, étant absolument immatériel et conventionnel de sa nature, on ne s'étonnera pas des variations qu'il subit : ce sont celles qui tiennent à des appréciations dans lesquelles l'esprit exerce un pouvoir de nature discrétionnaire, et qui, par suite, sont nécessairement variables et changeantes. — Mais remarquons que ces variations et ces inégalités dans les appréciations n'ont pas uniquement pour cause des inexactitudes, des imperfections, des erreurs involontaires survenues dans l'œuvre intellectuelle de la prisée, bien que ces erreurs soient possibles et fréquentes ; elles n'ont pas leur source unique dans les difficultés inhérentes à ces opérations, dans l'impossibilité d'arriver à une estimation exacte des objets; non: elles sont déterminées le plus souvent par la nécessité d'amener un accord, une transaction, entre les prétentions et les situations contraires des parties contractantes, à l'effet d'opérer la transmission des produits et des services, accord qu'elles réalisent par cette faculté de se mouvoir en toute liberté sur l'échelle des prix, de la gravir et de la descendre à volonté, selon qu'ils le jugent convenable. La transmission est le but, l'accord sur la valeur est le moyen. Et c'est là ce qui explique ces écarts considérables que nous voyons se produire dans l'expression de cette valeur, quant à des choses semblables, ou même identiques, écarts qui n'ont rien de commun avec le travail qu'elles ont reçu, avec l'utilité qu'elles renferment, et qui, dans tous les cas, passent par dessus l'état matériel de ces objets pour arriver à cet accord.

Les économistes se sont donc trompés en ce qu'ils

n'ont pas vu le rôle prépondérant que joue l'esprit dans la création et la fixation de la valeur, qui est la qualité vénale ou échangeable des choses.

Ils n'ont pas vu, ou du moins ils n'ont pas suffisamment remarqué que cette qualité est purement intellectuelle, purement conventionnelle, absolument discrétionnaire ; que l'intelligence, opérant dans des conditions et sous des formes contractuelles, peut, à son gré, l'augmenter ou la diminuer, la créer ou la détruire, selon les nécessités des circonstances et des situations.

Ils n'ont pas vu qu'elle n'a en soi rien de réel, qu'elle n'est qu'un expédient, un procédé imaginé pour amener l'agencement des rapports économiques, qui ont pour but la circulation et l'échange des objets, leur transmission d'une main dans une autre, leur affectation à certains emplois et à certains besoins.

Et c'est là que gît la principale lacune de leur théorie en matière de valeur ; c'est là que se trouve le vice capital et fondamental de leur conception, duquel il résulte qu'avec cette théorie, ils n'arriveront jamais à expliquer nettement et complètement cette notion et les phénomènes qui s'y rapportent, qu'ils n'arriveront jamais à donner la raison de leur existence, de leurs variations, de leurs anomalies.

Entre ces deux notions de richesse et de valeur, il y a certes des choses communes ; mais ces choses communes ont, dans notre théorie, leur explication naturelle et complète, tandis que dans celle des Économistes elles n'aboutissent qu'à des contradictions, à des incompatibilités, à des impossibilités.

En résumé, notre théorie explique tout : les ressemblances et les différences, les choses communes et les choses non communes, les apparences et les réalités ;

celle des Économistes, au contraire, donne naissance à toutes sortes d'ambiguités, d'équivoques et de confusions : d'où il suit, croyons-nous, la preuve incontestable que notre théorie est vraie, et que celle des Économistes est fausse.

DEUXIÈME EXEMPLE

—

Explication du commerce international, ou comment il se fait que les peuples entre lesquels existent des relations commerciales, puissent, chacun en son particulier, réaliser des bénéfices dans la personne de leurs négociants respectifs.

—

Tout acte de commerce intervenant entre négociants a, des deux parts, pour cause et pour but, un bénéfice à réaliser.

Pour qu'un bénéfice ait lieu, dans ce cas, il faut que chaque commerçant, après avoir traité successivement comme acheteur et comme vendeur, obtienne en définitive, comme résultat de ces deux opérations, une valeur supérieure à celle qu'il a avancée. Cet excédant de valeur forme son bénéfice, ou, en d'autres termes, la rémunération de ses services.

D'un autre côté, on peut poser en fait que le commerce de nation à nation a toujours lieu par l'entremise des négociants, c'est-à-dire par l'intermédiaire de gens qui visent à des bénéfices. Ainsi, pour que des relations commerciales puissent s'établir et se continuer d'une manière suivie entre deux ou plusieurs nations, il faut que chaoune d'elles réalise des bénéfices, c'est-à-dire qu'elle obtienne des excédants de valeur, dans la personne de ces négociants. Or, comment peut-il se faire que chaque nation reçoive en son particulier, relativement à l'ensemble des affaires traitées durant une période donnée, des valeurs supérieures à celles qu'elle a livrées ? Et, chose plus incompréhensible encore ! comment peut-il se faire que les diverses sortes de marchandises, vendues par les uns, achetées par les autres, vaillent en même temps, selon le point de vue auquel on se place, plus et moins que celles qui en forment la contre partie ? Cela paraît impossible au premier abord ; et c'est pourtant cette impossibilité même, c'est ce double résultat, ce résultat inverse, ce résultat contradictoire en apparence qu'il faut réaliser, pour que ce genre de commerce puisse exister ! Et sous un autre rapport, sous le rapport scientifique, c'est encore cette impossibilité apparente qu'il faut expliquer pour donner la raison de ce phénomène singulier. Dans l'état actuel de la science économique, cette question paraît insoluble ; avec notre théorie de la valeur, elle se résout de la manière la plus facile et la plus simple. Voici en effet de quelle manière nous y arrivons.

Bien que les opérations ordinaires du commerce portent en général sur des marchandises, c'est-à-dire sur des choses matérielles qu'il s'agit de faire passer d'une main dans une autre, les commerçants n'ont en vue que des valeurs. Ce sont des valeurs qui forment pour eux l'objet principal de leurs conventions et de leurs spéculations, dont les marchandises ne sont que la condition. Or, la valeur, comme nous l'avons déjà dit plusieurs fois, et comme nous allons le redire ici pour rendre notre démonstration plus claire et plus saisissante, la valeur n'est pas une qualité intrinsèque des choses ; elle ne consiste pas dans une propriété soit physique, soit chimique des objets ; elle repose sur une vue de l'esprit, sur une appréciation qui est, à beaucoup d'égards, arbitraire. Et puisque la valeur ne consiste pas dans une propriété matérielle des corps, puisqu'elle est fondée sur une estimation, sur une prisée, il se peut très bien que deux pays différents, qui sont habituellement en rapport d'affaires, estiment les choses qu'ils reçoivent à un plus haut prix que celles qu'ils donnent ; et lorsque ces estimations inverses sont généralement admises et appliquées dans les rapports commerciaux, elles ont sur les fortunes privées des conséquences telles que les deux pays paraissent avoir réellement gagné, chacun de son côté, le montant total des bénéfices effectués par leurs négociants respectifs. Ces bénéfices sont assurément très réels pour ces négociants, puisqu'ils augmentent d'autant leurs fortunes personnelles ; et ils semblent également très réels pour les nations chez lesquelles ils ont lieu, puisque la fortune générale d'un pays se compose, en très grande partie, de l'ensemble des fortunes particulières, et que l'augmentation de celles-ci doit nécessairement amener un accroissement correspondant dans la fortune générale de ce pays.

Dans tout cela il n'y a, on le voit, que des valeurs en jeu, puisque les rapports dont nous venons de parler sont fondés sur des estimations fixées par des contractants, et sanctionnées par des cours ou des cotes qui leur impriment une sorte de caractère officiel. Mais la fixation de ces valeurs livrées et reçues sous forme de marchandises, et les gains qui en proviennent pour les divers intermédiaires, sont à bien des égards, dans le grand mécanisme du commerce international, comme les opérations préparatoires ou accessoires qui concourent à la réalisation d'un but, et qui ne sont que des moyens pour atteindre ce but. Le but ici est de faire passer les marchandises d'un pays dans un autre. Entre nations, on échange en définitive des denrées et des produits, au moyen des ventes et des achats, avec le concours des monnaies métalliques ou fiduciaires, sous le couvert des prix qui sont l'expression pratique de la valeur. Et comme dans les conditions ordinaires du commerce, les échanges ne pourraient avoir lieu entre ces nations si chacune d'elles ne recevait, dans la personne de ses négociants, des valeurs supérieures à celles qu'elle aliène, il faut que les marchandises respectivement données et reçues vaillent à la fois plus. et moins que celles qui servent de base à ces deux ordres d'opérations. Certes, si la valeur était une propriété physique des corps ou objets auxquels on la rattache, elle ne pourrait pas se plier à ces nécessités, par la raison qu'une quantité, matérielle par son essence, ne peut pas être en même temps plus grande et plus petite qu'une autre quantité matérielle avec laquelle on la compare. Mais des combinaisons et des conceptions intellectuelles, des conventions et des fictions, peuvent réaliser, dans le domaine de la pensée, ce qui serait absolument impossible et impraticable dans le domaine de la matière. — Une nation, représentée par des marchands qui agissent sous l'influence des mobiles expliqués ci-dessus, aliène, au profit d'une autre nation, certaines catégories de produits, et à la suite d'une série plus ou moins compliquée d'opérations commerciales ou financières, dans lesquelles les agents monétaires et les papiers de crédit jouent un rôle plus ou moins considérable, elle se trouve avoir reçu de celle-ci, en leur lieu et place, des produits d'une autre nature : quelle est au fond la valeur réelle des marchandises qu'elle a obtenues ? Ces marchandises valent-elles plus ou moins que celles qu'elle a livrées ? Qui le sait ? Qui peut le dire ? Dans un certain sens, les marchandises reçues par elle sont préférables sans doute à celles qu'elle a remises, puisqu'elles lui sont d'une plus grande utilité ; et pour ce motif, elle peut, sans choquer la raison, les estimer davantage. — D'un autre côté, la nation avec laquelle se sont opérés ces échanges a des motifs tout semblables pour agir de même : elle peut, elle aussi, avec non moins de raison, évaluer les choses reçues à un plus haut prix que les choses données, puisque ces choses-là lui sont plus utiles ; de sorte que les deux nations, tout en appliquant la même règle d'appréciation et les mêmes principes de conduite, aboutissent à des estimations exactement inverses ; et néanmoins, malgré la diversité, la contrariété et la singularité de ces résultats, elles sont l'une et l'autre dans le vrai de leur situation et de leurs intérêts.

Ainsi, en résumé, chaque peuple, par suite de ces échanges, reçoit des choses qui sont plus propres à satisfaire ses besoins que celles qu'il a données : ce qui est le principal, le réel avantage de ces relations. — Et chaque peuple en outre devient plus riche dans le sens attaché d'ordinaire à ce mot, puisqu'il se trouve, par le fait de ces échanges, possesseur de valeurs plus considérables.

Mais d'où vient, au fond, le surcroît de richesses qui en résulte pour chacun de ces peuples ? Simplement, de ce que chacun d'eux, en son particulier, évalue les choses reçues à un plus haut prix que les choses données ; simplement, de ce qu'il les porte, dans ses cours commerciaux, à un taux plus élevé. Or, qui a qualité pour faire ces estimations et pour décréter ces cours ? Ce sont évidemment les personnes qui participent à ces négociations, ce sont les commerçants voués à ce genre de commerce.

Mais comment ces commerçants peuvent-ils ainsi exhausser les prix à volonté, et d'une manière que l'on pourrait croire abusive, sans que les acquéreurs subséquents ne se révoltent contre ces enchérissements successifs ? Sans doute ils les élèvent d'abord en vertu de ce principe que tout service mérite salaire ; que par conséquent, le concours du marchand doit être rétribué comme celui des autres travailleurs sociaux, et que les marchandises, objet de ce travail, doivent comprendre implicitement cette rétribution, et recevoir un surcroît de valeur par cela seul qu'elles ont donné lieu à certains soins, à certaines opérations, à certaines manipulations ; mais ils les élèvent surtout en vertu de ce pouvoir discrétionnaire que les hommes exercent sur la création et la fixation de la valeur, en vertu des règles et des procédés économiques que nous avons exposés dans le corps de cet écrit.

TROISIÈME EXEMPLE

—

Réfutation de la théorie de Karl Marx sur la valeur.

—

Les socialistes contemporains prennent assez volontiers leur point d'appui sur l'économie politique, ce qui n'a rien de surprenant, le socialisme n'étant au fond qu'une collection de thèses économiques. Ils partent de ce principe que la société est mal organisée au point de vue des intérêts, soit individuels, soit collectifs, et ils en poursuivent la réformation au nom de cette science qu'ils entendent à leur manière, marchant à cet égard dans les voies ouvertes par Proudhon, empruntant aux considérations et aux arguments de l'ordre économique leurs moyens les plus puissants, leurs armes les plus redoutables.

Karl Marx, ancien chef de l'Internationale, est l'un de

ces novateurs. Il fonde sa doctrine socialiste sur une théorie de la valeur qu'il a exposée en 1867, dans un ouvrage sur *le Capital (das Capital)*, dont M. Maurice Block a fait, il y a quelques années, le sujet d'une étude critique intitulée : *Les théoriciens du socialisme en Allemagne*, et publiée par le *Journal des Économistes* (livraison de juillet 1872, pages 5 et suivantes, et livraison d'août 1872, pages 165 et suivantes). Cette théorie, du reste, au dire de M. Bloch, ne lui serait point particulière ; il en aurait emprunté l'idée-mère à Rodbertus, *lequel*, d'après le même M. Block, *serait en même temps l'inspirateur de Lassalle, de Wagner, et même de leurs adversaires, les socialistes chrétiens. (Journal des Économistes,* juillet 1878, page 77).

Les théories économiques professées par Karl Marx, dans l'ouvrage précité, produisirent, à leur apparition, une impression profonde en Allemagne, non-seulement sur les grossiers sectaires de l'*Internationale*, mais encore sur des esprits éminents, sur des hommes qui occupent un rang distingué dans l'enseignement supérieur de leur pays. Et cette impression ne s'est pas encore effacée. Ainsi, pour n'en citer qu'un exemple, M. Held, professeur à l'Université de Bonn, dit ceci, dans un ouvrage sur le socialisme, publié à Leipzig en 1878, et portant pour titre : *Social démocratie und Social politik :* « C'est *une jouissance intellectuelle suprême que* » *de suivre les déductions rigoureuses de Marx, qui sont* » *fascinatrices* pour le savant auquel la trivialité qui rè- » gne dans les opinions reçues inspire de la répugnance. » (Citation extraite d'un autre article de M. Block, qu'il a publié en novembre 1878, dans le *Journal des Économistes,* sous ce titre : *La quintessence du socialisme de la chaire*).

On peut donc considérer la doctrine de Karl Marx comme ayant conservé tout son crédit parmi les socialistes allemands; et par suite, il n'est pas sans utilité d'en démontrer la fausseté. Nous allons l'essayer dans les pages suivantes.

Karl Marx, après avoir présenté *la richesse comme une énorme collection de marchandises*, ajoutant que *la forme élémentaire de la richesse, c'est la marchandise*; après avoir admis avec Adam Smith, bien qu'en des termes légèrement différents, qu'il existe une valeur en usage et une valeur en échange; et avec Bastiat, que la valeur consiste dans un rapport entre deux choses échangées, choses que Marx appelle des *utilités*, et que Bastiat appelait des *services*; Karl Marx, à la suite de cette exposition préliminaire, énonce la proposition suivante, qui forme le trait caractéristique de sa théorie, et le pivot même de son système socialiste.

La valeur, selon cette proposition, *n'est que du travail cristallisé, fixé dans les objets*; elle est le résultat d'un travail physique et musculaire, qui modifie matériellement les objets, et qui leur communique certaines utilités propres à satisfaire nos besoins.

Ainsi, d'après ce point fondamental qui sert de base à tout le reste, le travail humain et physique, le travail musculaire de l'ouvrier, est le seul producteur de la valeur, ou pour parler le langage de l'auteur, *des plus-values* que ce travail incorpore dans les objets, en les façonnant, en les modifiant, en les transformant, lesquelles *plus-values*, dans son système, sont toujours corrélatives à ces modifications et à ces transformations.

Par conséquent, l'auteur ne reconnaissant qu'au seul travail manuel cette faculté de créer des valeurs, la refuse par cela même aux autres espèces de travaux, et notamment au travail du savant, de l'entrepreneur et du commerçant; et il la refuse également aux usines, aux machines, et aux divers engins de la production, admettant seulement, quant à ces auxiliaires, qu'ils communiquent aux produits la partie de leur valeur qui s'use et se détruit par leur fonctionnement, mais sans leur transmettre d'autre plus-value que celle qu'ils ont perdue eux-mêmes, sans outrepasser la mesure exacte de cette déperdition.

Et pour justifier toutes ces restrictions, l'auteur allègue que le travail du savant, celui de l'entrepreneur, ne contribuant pas directement et matériellement à la transformation des objets, ne peut pas leur inculquer les utilités qui donnent naissance à la valeur ; que le commerçant échangeant des valeurs égales contre des valeurs égales, (sans quoi, d'après Marx, il tromperait ceux qui traitent avec lui, soit comme vendeurs, soit comme acheteurs), ses opérations, quelque nombreuses qu'on les suppose, ne peuvent pas non plus créer des valeurs, ou ce qu'il appelle des *plus-values* ; qu'enfin l'argent, fourni, pour le tout ou pour partie, par des bailleurs de fonds ou capitalistes, n'exerçant par lui-même aucune action physique sur les objets, n'en modifiant pas l'état intrinsèque, n'y incorporant aucune utilité, l'argent non plus n'est pas un générateur de la valeur, laquelle, dans cette théorie, serait due uniquement aux modifications effectives et matérielles que reçoivent ces objets par le seul travail de l'ouvrier.

C'est là, au point de vue théorique, tout le fonds de sa doctrine en matière de valeur ; et il en déduit les conséquences suivantes qui forment, à leur tour, au point de vue de l'application, tout le fonds de son système socialiste.

Le travail de l'ouvrier ayant seul pour effet de transformer physiquement les objets, c'est l'ouvrier seul qui a droit aux plus-values résultant de ce travail ; et le savant, l'entrepreneur d'industrie, le commerçant, le capitaliste, n'ayant pas coopéré musculairement à ces transformations matérielles, sont sans droit sur la valeur ou les plus-values qui en résultent ; et par conséquent, les rémunérations qu'ils reçoivent, les prélèvements qu'ils exercent en ces diverses qualités, ont nécessairement une cause illicite ; ces prélèvements sont forcément ravis au véritable producteur, qui est l'ouvrier ; ils sont pris sur les plus-values dont il est le seul créateur ; d'où il suit que, dans l'état présent des choses, l'ouvrier est spolié par tous ces parasites.

Or, comment ce phénomène économique s'accomplit-il ?

Marx, pour l'expliquer, commence par établir une distinction entre ce qu'il appelle *la puissance du travail,* et *le travail lui-même.* — *La puissance du travail,* qui réside dans l'ouvrier, dans l'ouvrier seul, est une marchandise qui se vend et qui s'achète. C'est, dit-il, une véritable marchandise ; elle a une valeur comme la marchandise ; et cette valeur, dans les relations de patron à ouvrier, s'applique d'ordinaire à. une durée de labeur, appelée *journée de travail,* dont la moyenne se règle, selon les lieux et les temps, sur l'état de l'industrie, sur l'habileté ordinaire de l'ouvrier, et représente ce qui est nécessaire pour sa subsistance et celle de sa famille.

Cette *puissance du travail,* ainsi mise en œuvre pendant la durée moyenne qui constitue la *journée de travail,* s'incorpore dans les objets et leur donne un surcroît d'utilité d'où dérivent les plus-values sus-mentionnées. C'est cette valeur nouvelle, ce sont ces plus-values que l'ouvrier crée par son travail, et qu'il crée seul, au dire de Karl Marx ; et d'après lui, il n'existe pas dans le monde économique de valeur ou de *plus-value* ayant une autre origine.

Une partie de cette valeur, due au travail de l'ouvrier, lui est payée par le salaire qu'il reçoit ; mais en dehors

4

de celle-ci, il en est une autre qu'on ne lui paie pas. En effet, si l'ouvrier recevait tout ce qui lui est dû pour le travail qu'il exécute, pour les plus-values qu'il incorpore dans les objets, il n'y aurait aucune rémunération possible, ni pour le capitaliste, ni pour le commerçant, ni pour l'entrepreneur, ni pour le savant ; et puisque tous ces agents reçoivent des rémunérations particulières, qui sont prises sur les plus-values ajoutées à la matière première par le travail ; puisque, d'un autre côté, d'après les principes posés par l'auteur, toute *plus-value* a son origine dans le travail physique de l'ouvrier, il faut bien inférer de là, d'abord, que l'ouvrier travaille plus qu'il ne le devrait pour gagner sa subsistance et celle de sa famille ; et ensuite, que tout cet excédant de valeur pour lequel il ne reçoit pas un supplément de salaire correspondant à ce travail, est un larcin commis à son préjudice, larcin qui s'accomplit au moyen des institutions présentement existantes, et qui se dissimule sous ces institutions.

Contre cette doctrine de Karl Marx, contre les principes qu'il lui donne pour base, et les conséquences qu'il en déduit, on peut certes opposer bien des objections, et d'abord les suivantes :

En effet, s'il était interdit au capitaliste de retirer un intérêt quelconque de son argent, il ne le prêterait pas.

Si l'entrepreneur ne pouvait pas être rémunéré de ses soins, de ses peines, de ses risques, il ne s'engagerait pas dans les entreprises industrielles.

Si le marchand ne devait pas, en fin de compte, réaliser un bénéfice sur ses ventes, ses achats et ses négociations de toutes sortes, il ne se livrerait pas au commerce.

Or, le résultat d'une pareille théorie, si elle passait jamais dans la pratique, c'est que le mouvement économique serait singulièrement ralenti sur certains points, et que sur d'autres, il s'arrêterait tout-à-fait.

Mais Marx ne s'inquiète pas de ces conséquences; il passe par dessus tous ces inconvénients. Il ne se préoccupe que de ce qu'il croit être la justice; et, sur ce principe, de son invention, que toute valeur, ou, pour parler son langage, toute *plus-value*, vient du travail manuel de l'ouvrier, *du travail matérialisé, cristallisé, incorporé dans les objets,* du travail ayant eu pour effet de les transformer, de les modifier, il en conclut que l'organisation sociale tout entière est viciée dans sa source et qu'elle est un monument d'iniquité et d'oppression.

C'est sur ce prétendu principe, sur ce simple fondement, qu'il condamne, qu'il stigmatise, qu'il flétrit toute cette organisation.

Mais s'il était démontré que ce principe est faux, que la valeur n'est pas due uniquement au travail manuel de l'ouvrier, il en résulterait que l'édifice élevé si laborieusement par Karl Marx, manquant à la fois de base logique et de base économique, tomberait tout d'une pièce. Et cette démonstration résulte, croyons-nous, de notre théorie sur la notion de valeur.

Partant en effet de ce point que la valeur est une qualité intellectuelle et métaphysique, et en outre une qualité purement conventionnelle, que les contractants peuvent créer ou détruire, exhausser ou abaisser à leur gré, nous dirons que l'entrepreneur d'industrie, le fabricant, et tous ceux qui produisent pour vendre, portent le prix de leurs produits à un taux suffisant pour se ménager un certain profit, comme rémunération de leurs soins, de leurs avances et de leurs risques; et il n'y a là rien qui ne soit honnête et juste. — Et le commerçant, à son tour, qui achète pour revendre, élève ce prix assez haut pour s'assurer un bénéfice analogue, pas assez néanmoins pour effaroucher les acheteurs, sans quoi les marchés ne se traiteraient pas ; et cela encore est juste et licite. Et les choses se passent de même dans toute la série des ventes subséquentes. Et ces nouveaux prix, ces prix successifs, toujours plus élevés dans le cours ordinaire des choses, qui s'établissent de la même manière, entre le marchand en gros et le marchand en détail, entre celui-ci et le consommateur définitif, ne sont pas moins légitimes que les précédents. Chacune de ces opérations a eu, de leur part, pour base et pour condition de ces transmissions, la détermination contractuelle d'une valeur qu'ils étaient libres de fixer comme ils l'entendaient, qu'ils ont fixé en toute liberté, pour arriver à faire passer les produits d'une main dans une autre. Et tout cela est conforme au droit de chacun et de tous, tout cela est conforme à la justice, car chacun, dans ces divers cas, obtient la rémunération de son travail et de ses déboursés ; et tout cela enfin est conforme à ce que nous croyons être la véritable science économique.

La valeur n'a rien de fixe en soi ; elle n'est pas absolument subordonnée à l'état matériel des objets ; elle peut hausser sans que les objets aient subi aucune nouvelle façon ; et elle peut baisser sans qu'ils aient éprouvé aucune détérioration ni diminution. Nous en avons sans cesse autour de nous l'éternel spectacle : tous les biens, tous les objets qui composent la richesse étant soumis à d'incessantes fluctuations ; étant, quant à leur valeur, aussi mobiles que les flots de la mer. Elle est une qualité de nature sociale, qui a été imaginée pour mettre en rapport les personnes et les choses, pour nouer entr'elles les agencements de l'ordre économique. Elle s'élève et elle s'abaisse suivant les nécessités des situations et des négociations ; et il n'y a pas d'autres limites à ces hausses et à ces baisses, que ces nécessités mêmes, qui varient à l'infini.

La valeur n'est donc pas cette quantité fixe et immuable dont parle Karl Marx, valeur calquée en quelque sorte sur l'état matériel des objets, et qui doit demeurer immuable tant que cet état ne change pas. Elle est au contraire la chose la plus variable quant à ses dimensions, la chose la plus extensible, et en même temps la plus compressible qui soit au monde ; elle dépend absolument de la volonté humaine ; elle est complètement soumise aux appréciations, aux déterminations, aux conventions, des hommes ; et tout ce qui est convenu entre eux, dans cet ordre de rapports, dans le libre jeu des affaires et des contrats, est légitime et juste.

Or, en présence de ces faits incontestables, que devient, nous le demandons, toute cette fantasmagorie d'obstacles, de barrières, de liens, dans lesquels Karl Marx prétend enchaîner la liberté humaine en matière de contrats ? Que devient sa théorie de la valeur qu'il fonde exclusivement sur l'état matériel des objets, et au moyen de laquelle il s'efforce de jeter l'opprobre sur toutes les catégories de rémunérations autres que le salaire de l'ouvrier : sur le profit de l'industriel, du fabricant et du patron, qui mettent en présence et en action les forces humaines et les matières premières, et par les soins desquels s'accomplit l'œuvre de la production ; sur les bénéfices du marchand qui assure la circulation et la transmission des produits, et dont le concours n'est pas moins nécessaire à la production et à la consommation qu'à la circulation elle-même ; sur l'intérêt alloué au capitaliste, qui fournit aux entrepreneurs et aux marchands les fonds supplémentaires à l'aide desquels s'exécutent ces divers ordres de travaux ou de services, et enfin sur les honoraires de ceux qui fournissent à la ruche sociale une collaboration de nature intellectuelle ? Évidemment, toutes ces imputations de tromperie, de spoliations, prétendument accomplies par ces divers agents au préjudice de l'ouvrier, sont dépourvues de tout fondement réel. Notre doctrine en démontre la fausseté manifeste ; et par suite, la théorie de Marx, sapée dans ses fondements, s'écroule comme un édifice privé de base.

Notre théorie rectifie donc en ce point la notion de justice faussée par lui ; elle réhabilite plusieurs catégories de producteurs qui ne sont pas moins utiles que l'ouvrier à la satisfaction des besoins sociaux, bien qu'ils soient utiles d'une autre manière. Et par cette rectification, elle doit contribuer à ramener la lumière et la paix dans les esprits, aussi bien dans les esprits des prétendus exploiteurs que des prétendus exploités, service inappréciable dans des temps comme les nôtres, où les assises fondamentales de toute société sont ébranlées par les doctrines subversives du socialisme.

En résumé, notre théorie renverse celle de Karl Marx comme en se jouant, et d'une manière tellement complète qu'il n'en reste pas le moindre vestige.

En effet, à la lumière de cette théorie, on voit très nettement :

1° Que la richesse ne réside pas exclusivement dans la marchandise ; car elle peut exister dans toutes sortes d'objets, meubles ou immeubles, corporels ou incorporels, naturels ou artificiels, auxquels les hommes, dans leurs conventions, dans la plénitude de leur pouvoir discrétionnaire, en matière d'appréciations et de prisées, jugent à propos d'attribuer de la valeur ;

2° Que toute valeur nouvelle, toute *plus-value*, pour parler le langage de l'auteur, n'a pas son origine dans les manipulations, dans les modifications, dans les transformations que subissent les matières premières ; car il y a des choses qui n'ont été l'objet d'aucun travail humain, et qui ont cependant de la valeur ;

3° Que la valeur de la marchandise elle-même n'est pas

due au seul travail musculaire de l'ouvrier, car il y a bien d'autres éléments qui concourent à la formation de la valeur ; et parmi ces éléments figure notamment tout ce qui est compris dans ce que l'on appelle *le prix de revient ;* et en outre, tout cet ensemble de règles et d'effets économiques que l'on appelle la loi *de l'offre et de la demande;*

4° Que la valeur n'est donc pas simplement du travail condensé, cristallisé, matérialisé, fixé dans les matières premières ; car il arrive à chaque instant que la valeur de l'objet ainsi façonné, modifié ou transformé par le travail, hausse ou baisse sans avoir subi ni nouvelle façon, ni détérioration, sans qu'il soit survenu aucun changement dans son état intrinsèque ;

5°. Que la valeur prenant sa source dans une convention, dans une appréciation, dans un concept intellectuel, cette valeur peut s'attacher au travail du marchand et de l'entrepreneur aussi bien qu'à celui de l'ouvrier ; elle peut être attachée au concours du capital aussi bien qu'à celui de la machine ; aucun obstacle, ni matériel, ni légal, ni moral, ne s'y oppose.

6° Et à un autre point de vue, à un point de vue plus général, il résulte de notre théorie que la valeur étant fondée sur un concept de l'esprit humain, celle de Karl Marx qui lui donne pour origine unique le travail incorporé dans les objets par la main de l'ouvrier, et abstraction faite de toutes les autres coopérations, de tous les autres concours, cette théorie de Karl Marx est absolument fausse ; et que cette fausseté étant démontrée, tout son système socialiste s'évanouit comme un vain fantôme ;

7° Et de l'application de notre théorie à ce système, il résulte encore les conséquences suivantes :

Qu'il n'y a pas fraude, spoliation ou tromperie de la

part de l'entrepreneur vis-à-vis de l'ouvrier; ni de la part du marchand vis-à-vis de ses vendeurs ou acheteurs;

Que la Société, qui tient compte de tous les apports, qui fait sa part à tous les efforts et à tous les services, n'est pas fondée sur une immense injustice, comme le prétend Karl Marx;

Que ses institutions économiques ne sont pas disposées pour amener l'exploitation de l'ouvrier par tous ceux qui l'emploient;

Qu'enfin, la forme sociale actuelle peut sans doute comporter de nombreuses améliorations de détails, mais qu'elle n'est pas à refaire et à refondre depuis le faîte jusque dans ses assises les plus profondes.

QUATRIÈME ET DERNIER EXEMPLE

—

Justification théorique des circulations monétaires fondées, pour le tout ou pour partie, sur des agents de nature fiduciaire.

—

Nous avons adressé jadis, sous forme de brochure imprimée, à la Commission d'enquête sur le crédit, instituée en 1865, et nous avons publié plus tard, en une série d'articles, dans le journal *la Province*, de Bordeaux (numéros de juillet et septembre 1872), un écrit dans lequel était exposé un Plan complet de circulation fiduciaire, embrassant dans son ensemble tout ce qui se rapporte à la fonction monétaire, c'est-à-dire à la création, à la diffusion, à la concentration et au retrait des agents circulatoires, lesquels, d'après notre projet, devaient consister en des titres au porteur, dits *billets de compagnie*, comprenant à la fois des coupures très élevées et très minimes, non convertibles en espèces métalliques ; mais garanties par des valeurs de bourse affectées spécialement à cette destination, et devant, par le seul fonctionnement de l'institution, acquérir un développement continu et toujours croissant, ce qui aurait fait de ces *billets* les agents monétaires les mieux assis, les plus dignes de confiance qui aient jamais existé dans le monde.

Malgré les explications minutieuses dans lesquelles nous sommes entré au sujet de ce Plan, pour mettre en pleine lumière les motifs, scientifiques ou autres, de chacune de nos combinaisons, il est bien des lecteurs, nous le croyons, qui auront conservé des doutes invincibles sur leur mérite théorique, c'est-à-dire sur leur parfaite orthodoxie, et qui se seront demandé comment il se peut qu'un agent dépourvu de toute valeur intrinsèque puisse servir d'équivalent et de mesure à des valeurs réelles ? Comment il peut se faire qu'une monnaie purement fiduciaire, qu'un simple lambeau de papier, qui n'a qu'une valeur de convention, qui n'est soutenu, ni secondé, dans son action économique, par aucun adjuvant métallique, puisse subvenir, en toute occurrence, à tous les besoins de la circulation monétaire, et fonctionner avec la même sûreté, la même régularité et le même succès qu'un appareil monétaire fondé sur les métaux précieux.

L'institution d'un papier-monnaie, posée comme un problème à résoudre par d'éminents économistes, et même par quelques-uns des plus éminents, est considérée par la généralité des esprits comme une pure utopie. Or, d'où vient cette répulsion universelle, et en quelque sorte instinctive, qu'elle inspire ? Pourquoi cette défaveur invétérée et insurmontable, que la science cependant ne sanctionne pas expressément ? Sans doute parce que, sous l'empire des anciens usages, sous l'influence d'habitudes qui datent d'un temps immémorial, on est imbu de cette idée que la circulation monétaire, pour avoir une assiette normale et légitime, doit reposer, en tout ou en partie, sur une valeur intrinsèque de nature métallique, parce que l'on est persuadé que les agents principaux affectés à cette destination doivent contenir en eux-mêmes cette valeur intrinsèque ; parce que l'on est convaincu que les valeurs fiduciaires, produit inconsistant d'une pure fiction, sont, à cette valeur intrinsèque absente, ce que l'ombre est au corps, ce que l'illusion est à la réalité ; parce qu'enfin, dans l'opinion commune et dominante, un système monétaire qui n'a pas pour fondement inébranlable une monnaie métallique corrélative et proportionnelle, est destiné à s'abîmer plus ou moins vite, après des perturbations plus ou moins nombreuses et profondes, dans un immense et inévitable cataclysme.

Sans exclure systématiquement et complètement les agents fiduciaires, on part de ce principe qu'ils ne peuvent pas fonctionner d'une manière régulière et durable s'ils ne prennent leur point d'appui sur la monnaie métallique ; s'ils n'ont derrière eux cette monnaie, pour les seconder et les soutenir, pour en former la contre-valeur et le gage, et enfin pour se substituer à eux, au moyen d'une conversion qui doit être toujours possible, toujours permise, dans tout régime sage et normal. — C'est à cette seule condition qu'on admet ces sortes d'agents ; c'est à cette seule condition qu'on les croit exempts de danger, ne tenant aucun compte des raisonnements et des expériences qui tendent à prouver que ce danger peut être conjuré par des moyens autres que la conversion en espèces.

Mais, dira-t-on peut-être, pourquoi, en nos temps de doute scientifique et de libre examen, cette opinion s'est-elle établie magistralement dans les esprits ? Pourquoi s'y maintient-elle malgré tant de faits contraires qui devraient en affaiblir et même en détruire l'autorité ? Par cette unique cause, selon nous, que l'on n'a pas suffisamment élucidé et approfondi la notion générale de valeur ; qu'on n'a pas déterminé assez nettement son véritable caractère et son véritable mode d'action dans la fonction monétaire ; et qu'enfin l'on n'est pas parvenu jusqu'ici à doter la science économique d'une théorie définitive de la valeur.

Celle que nous avons exposée ci-dessus explique d'une manière absolument satisfaisante, croyons-nous, le plus grand, le plus merveilleux de tous les phénomènes monétaires ; elle explique ce rôle si étrange, si anormal en apparence, des valeurs fiduciaires : billets de banque, lettres de change, chèques, effets de commerce ou autres, dont M. Henri Baudrillart, professeur au Collége de France, a dit, à la page 2 de son *Manuel d'Économie politique :* « Par quel prodige voyons-nous de simples morceaux de papier, dépourvus par eux-mêmes de toute valeur, obtenir sur leur remise les plus magnifiques produits de l'industrie et de l'art, les sommes d'or ou d'argent les plus considérables, ...ce miracle familier, dont peu de gens, encore de nos jours, se rendent bien compte ? » — Elle nous apprend pourquoi ces valeurs fictives peuvent remplir, dans cet ordre de rapports, le même office que les valeurs réelles ; pourquoi une fiction, un pur concept, peut remplacer dans le mécanisme financier et commercial, des objets matériels et physiques, de manière à produire les mêmes effets économiques et à rendre les mêmes services.

Elle nous explique aussi comment, après nos effroyables désastres de 1870, à la suite du drainage opéré dans notre stock métallique, d'abord par les énormes dépenses de la guerre, et ensuite par le paiement de l'indemnité Prussienne, les billets de la Banque de France, qui avaient été portés par des émissions successives à près de trois milliards, qui étaient en outre soumis au cours forcé ; que rien par conséquent, quant à leur nature, ne distinguait des anciens assignats, ont pu, contre l'attente générale, contre les prévisions des Économistes et des financiers, se maintenir au pair pendant toute cette période critique, soutenus uniquement par la confiance qu'inspiraient l'honnêteté et la solvabilité de l'établissement par lequel ils étaient émis.

Et pour terminer par un détail de moindre importance, notre théorie nous explique encore comment les nouvelles monnaies divisionnaires d'argent, après avoir été réduites, en 1864, au titre de 835 millièmes, ont pu remplacer sans trouble, dans la circulation monétaire, les anciennes pièces qui contenaient 900 millièmes ; comment elles peuvent circuler sans subir aucune dépréciation proportionnelle, concurremment avec les écus de cinq francs qui continuent d'être frappés au titre de 900 millièmes de fin ; et comment encore les monnaies de billon ont pu de tout temps, sans jamais exciter aucune réclamation, sans jamais subir aucune dépréciation, figurer comme appoint dans les paiements pour leur valeur nominale, quoique cette valeur soit de beaucoup inférieure à leur valeur réelle. — Tout cela est l'œuvre de la volonté humaine, des conventions humaines, qui donnent souverainement à ces monnaies d'un type et d'un titre inférieur, toute la valeur qu'exigent la nature des choses et les besoins de la circulation.

Notre théorie, en un mot, explique ce qui, sans elle, serait inexplicable, et même incompréhensible ; et elle l'explique grâce à cette participation prépondérante de l'esprit humain dans la formation de la valeur. C'est là,

redisons-le encore une fois avant de finir, ce qui forme
le caractère particulier de cette théorie ; c'est là ce qui
la distingue de toutes les théories précédentes ; c'est là
l'élément nouveau et inaperçu jusqu'ici, que nous y
avons introduit, et qui, dans notre conviction, doit résoudre définitivement le problème avec lequel nous nous
sommes mesuré, ou tout au moins aider puissamment à
sa solution.

Telles sont, entr'autres, les applications que comporte
notre théorie de la valeur. Nous n'en donnerons pas
d'autres exemples ; ceux-ci suffiront, espérons-le, pour
corroborer notre doctrine, et pour prouver qu'elle com-
ble une lacune de la science économique dans l'un de
ses points les plus importants.

St-Sever. — Impr. Séverin SERRES j^{ne}, rue de l'Hospice.